美国小学主流科学教材

【美】杰伊·哈克特 等著
张俊 邓小耶 等译
郝京华 审定

U0955299

运动和能量 2
Motion and Energy

浙江教育出版社·杭州

本版特色

- 兼顾授受式学习内容和探究式调查活动。
- 采用5E（Engage参与，Explore探究，Explain解释，Extend/Elaborate拓展，Evaluate评估）研究型教学模式。
- 增加工程和设计版块。
- 培养21世纪技能，如创新创造能力、协作能力、沟通能力、批判性思维与解决问题的能力等。
- 用个性化的生动图像激发学生的学习兴趣。
- 根据知识深度等级体系（Depth of Knowledge，简称DOK）设计评价和测试。

注：原版书中，A单元、B单元表示该内容属于生命科学领域，C单元、D单元表示该内容属于地球与空间科学领域，E单元、F单元表示该内容属于物质科学领域。中文版对此予以保留。

Program Authors

Dr. Jay K. Hackett
Professor Emeritus of Earth Sciences
University of Northern Colorado
Greeley, CO

Dr. Richard H. Moyer
Professor of Science Education
and Natural Sciences
University of Michigan-Dearborn
Dearborn, MI

Dr. JoAnne Vasquez
Elementary Science Education
Consultant
NSTA Past President
Member, National Science Board
and NASA Education Board

Mulugheta Teferi, M.A.
Principal, Gateway Middle School
Center of Math, Science, and
Technology
St. Louis Public Schools
St. Louis, MO

Dinah Zike, M.Ed.
Dinah Might Adventures LP
San Antonio, TX

Kathryn LeRoy, M.S.
Chief Officer
Curriculum Services
Duval County Schools, FL

Dr. Dorothy J. T. Terman
Science Curriculum Development
Consultant
Former K-12 Science and
Mathematics Coordinator
Irvine Unified School District, CA
Irvine, CA

Dr. Gerald F. Wheeler
Executive Director
National Science Teachers
Association

Bank Street College of Education
New York, NY

Contributing Authors

Dr. Sally Ride
Sally Ride Science
San Diego, CA

Lucille Villegas Barrera, M.Ed.
Elementary Science Supervisor
Houston Independent School District
Houston, TX

American Museum of Natural History
New York, NY

Contributing Writer

Ellen C. Grace, M.S.
Consultant
Albuquerque, NM

RFB&D learning through listening **Students with print disabilities may be eligible to obtain an accessible, audio version of the pupil edition of this textbook.**
Please call Recording for the Blind & Dyslexic at 1-800-221-4792 for complete information.

connectED.mcgraw-hill.com

Copyright © 2014 McGraw-Hill Education

All rights reserved. No part of this publication may be reproduced or distributed in any form or by any means, or stored in a database or retrieval system, without the prior written consent of McGraw-Hill Education, including, but not limited to, network storage or transmission, or broadcast for distance learning.

STEM McGraw-Hill is committed to providing instructional materials in Science, Technology, Engineering, and Mathematics (STEM) that give all students a solid foundation, one that prepares them for college and careers in the 21st century.

FOLDABLES® is a registered trademark of The McGraw-Hill Companies, Inc.

Send all inquiries to:
McGraw-Hill Education
8787 Orion Place
Columbus, OH 43240

ISBN: 978-0-02-136120-5
MHID: 0-02-136120-7

Printed in the United States of America.

5 6 7 8 9 10 11 12 RMN 22 21 20 19 18 17

Content Consultants

Paul R. Haberstroh, Ph.D.
Mohave Community College
Lake Havasu City, AZ

Timothy Long
School of Earth and Atmospheric Sciences
Georgia Institute of Technology
Atlanta, GA

Rick MacPherson, Ph.D.
Program Director
The Coral Reef Alliance
San Francisco, CA

Hector Córdova Mireles, Ph.D.
Physics Department
California State Polytechnic University
Pomona, CA

Charlotte A. Otto, Ph.D.
Department of Natural Sciences
University of Michigan-Dearborn
Dearborn, MI

Paul Zitzewitz, Ph.D.
Department of Natural Sciences
University of Michigan-Dearborn
Dearborn, MI

Editorial Advisory

Deborah T. Boros, M.A.
President, Society of Elementary Presidential Awardees
Second-Grade Teacher
Mississippi Elementary
Coon Rapids, MN

Lorraine Conrad
K-12 Coordinator of Science
Richland County School District #2
Columbia, SC

Kitty Farnell
Science/Health/PE Coordinator
School District 5 of Lexington and Richland Counties
Ballentine, SC

Kathy Grimes, Ph.D.
Science Specialist
Las Vegas, NV

Richard Hogen
Fourth-Grade Teacher
Rudy Bologna Elementary School
Chandler, AZ

Kathy Horstmeyer
Educational Consultant
Past President, Society of Presidential Awardees
Past Preschool/Elementary NSTA Director
Carefree, AZ and Chester, CT

Jean Kugler
Gaywood Elementary School
Prince Georges County Public Schools
Lanham, MD

Bill Metz, Ph.D.
Science Education Consultant
Fort Washington, PA

Karen Stratton
Science Coordinator K-12
Lexington District One
Lexington, SC

Emma Walton, Ph.D.
Science Education Consultant
NSTA Past President
Anchorage, AK

Debbie Wickerham
Teacher
Findlay City Schools
Findlay, OH

American Museum of Natural History

The American Museum of Natural History in New York City is one of the world's preeminent scientific, educational, and cultural institutions, with a global mission to explore and interpret human cultures and the natural world through scientific research, education, and exhibitions. Each year the Museum welcomes around 4 million visitors, including 500,000 schoolchildren in organized field trips. It provides professional development activities for thousands of teachers; hundreds of public programs that serve audiences ranging from preschoolers to seniors; and an array of learning and teaching resources for use in homes, schools, and community-based settings. Visit www.amnh.org for online resources.

译 序

一部好教材欲保持其生命力的重要举措就是要不断地与时俱进，要随着社会的变迁、学术的进步不断地吐故纳新。浙江教育出版社引进出版的《科学启蒙（第二版）》就是这样的一部好教材。

比较这套教材的两个版本，不难发现，第一版显然依据的是1996年美国颁布的科学教育标准。1996年的科学教育标准有三个重要特点：(1)明确科学教育的目标是培养所有学生的科学素养（美国曾经有过把培养科学家作为科学教育培养目标的历史）；(2)强调要把科学本身的实际做法，即科学探究也作为科学教育的内容；(3)将科学课程的内容按“生命科学、物质科学、地球与空间科学”三个领域加以划分。第一版的《科学启蒙》较好地落实了课程标准的这些理念。

第二版依据的是美国2013年颁布的《新一代科学教育标准（NGSS）》。和1996年课程标准相比，2013年的标准有三个显著变化。(1)将科学探究扩充为“科学与工程实践”，明显强化了运用科学概念解决实际问题能力的培养。(2)强调科学大概念。标准提出了判断大概念的4个原则：①具有学科的意义，具有跨越多个学科领域的广泛的重要性，或者是本学科中组织相关知识的关键概念；②具有解释力，能解释许多现象；③具有生成性，能为理解和探究更多的概念和解决问题提供关键的工具，与社会、家庭相关；④能从幼儿园到高中螺旋上升。(3)强调了学科间的融合，不仅是科学、技术、工程、数学的融合，还有科学、语文、数学的融合。

第二版的《科学启蒙》教材真的是在与时俱进。首先，它在继续强调科学探究的同时，大大强化了工程设计部分，不仅在各领域各章节中增加了运用相关知识解决实际问题的机会，还在“做一名科学家”版块增添了有关工程设计的“聚焦技能”。第二，在强调科学大概念方面，教材不仅在各章节都有科学大概念的明确标示，还在各章结尾之处增加了科学概念和技能的测评。第三，在学科融合方面，教材不仅强化了科学阅读（包括文和图）和科学写作的指导，还强化了数学意识和能力的培养。

《科学启蒙》这套教材还有一个突出的亮点就是它精彩的图片。大量有视觉冲击力的照片和灵动的排版为教材增色不少，让人爱不释手。

它山之石，可以攻玉。中国正在进行着课程改革，也正在努力地缩短与发达国家在教育上的差距，引进国外好的教材不失为一种有效的捷径。不同的群体都可以从《科学启蒙》这套教材中获益。它为教材编写者提供了一个如何将内容与活动结合的范例，它给予科学教师教学活动设计的启迪，它为语文老师提供了如何指导学生科学阅读和科学写作的策略，就连出版社也可以从中获得科学教材排版方面的启示。除此，作为一套学生的科学阅读的材料，它也是一个不错的选择。

只有站在巨人的肩膀上我们才可以实现弯道超车，才可以追赶上发达国家，才可以实现伟大的中国梦！国家如此，科学教育亦然，让我们共同努力！

小学科学课程标准研制组组长、修订组副组长
南京师范大学教科院教授 郝京华

目录

Contents

做一名科学家

F单元 运动和能量

探究活动

做一名科学家

第1章　物体怎样运动

第2章　能量的利用

扫一扫，码上获取
更多学习资源

做一名科学家

树蛙会把卵产在树叶上。

AMERICAN MUSEUM OF NATURAL HISTORY

科学技能

看一看，想一想

看到图中这只小青蛙了吗？你认为它是怎样趴在莲叶上的呢？

探究活动

怎样才能让一只青蛙趴在莲叶上？

活动步骤

1. **预测** 你觉得把青蛙放在莲叶的哪个位置，它才不会掉进水里？
2. **建立模型** 用蜡笔把纸盘涂成绿色，当作莲叶。
3. △小心！ 在纸盘的中心戳一个小洞，用15厘米长的细绳穿过洞口，顶端打个结，下方拉紧。
4. 将系着细绳的纸盘放在装好水的水盆中，纸盘上面放一只玩具青蛙。
5. **记录数据** 将你放置玩具青蛙的各个位置画出来。

步骤 4

材料

纸盘

绿色的蜡笔

剪刀

细绳

水盆和水

玩具青蛙

科学家做什么？

科学家在做研究工作时，要使用许多技能。在上页的探究活动中，你想知道青蛙能趴在莲叶上的原因，于是做了上述探究。同样，科学家探究问题时也会建立模型（make a model）。模型是对生活中真实事物的一种模拟。

科学家还会使用其他技能，这些技能你也可以学习使用。比如，科学家会观察（observe）事物。通过观察一个池塘，他们可以发现许多奇妙的事物。

科学家会观察池塘附近植物的高度、颜色和形状。

科学家通过比较（compare）来辨别两个事物的相似点或不同点。观察本页中这两种生活在池塘边的动物，科学家是怎样比较它们的呢？

仔细观察这两种动物你会发现，它们都有翅膀，都生活在池塘附近。当然，它们也有很多不同的地方。科学家会根据事物的属性对事物进行分类（classify），将它们归为不同的群体。昆虫和鸟类就是不同的动物群体。

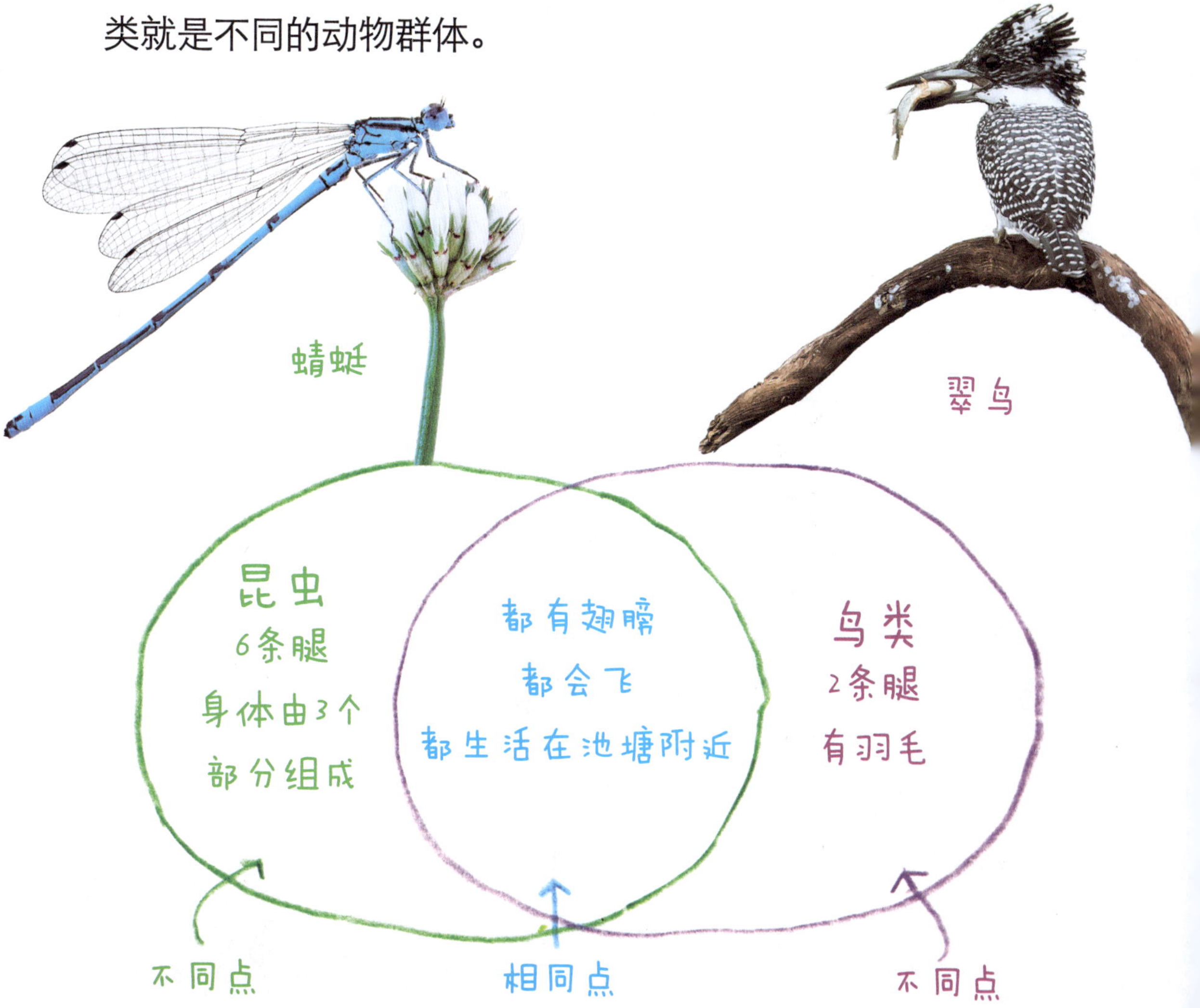

科学家会怎么做?

一起来看一看科学家在池塘附近发现的这些蛋吧！科学家会测量（measure）这些蛋的大小或质量。通过测量，他们就能了解物体的长度、质量和温度。

科学家通过测量获得的这些事实称为数据。科学家还要将他们观察到的事实记录下来，这叫作记录数据（record data）。

有多长

海龟的蛋	3厘米
青蛙的卵	3毫米
鸭子的蛋	5厘米
知更鸟的蛋	2厘米

科学家在收集完数据之后，还会对这些数据进行排序。排序（put things in order）就是用某种标准将数据进行整理。例如，你可以按照大小将蛋进行排序。哪个蛋是最小的？哪个蛋又是最大的？

科学家使用的另一项技能是推理。推理（infer），就是运用一些已掌握的知识或线索，按照合理的逻辑来解释或判断问题，并得出推论。你能推断出上页的蛋分别属于本页的哪种动物吗？

青蛙

鸭子

龟

知更鸟

科学家如何研究新事物?

科学家通过调查来研究新事物。开展调查（investigate）前，需要制订一个计划，然后进行试验。

科学家的工作通常从提出问题开始，然后他们会预测这个问题可能会有哪些答案。预测（predict）就是根据已知的知识或信息，猜测接下来会发生什么，具有较大的不确定性。

观察本页蝌蚪和幼蛙的图片，请你预测一下，幼蛙接下来会变成什么样子?

蝌蚪

幼蛙

?

?

得出结论（draw conclusions）就是根据你所观察到的现象来解释发生了什么情况。科学家根据上述探究，得出这样的结论：蝌蚪一开始生活在水中，长出四条腿后可以爬上陆地生活。

科学家还会与其他人交流他们的想法。交流（communicate）就是将你的想法写下来、画出来或者说出来，并与他人分享。

想一想，说一说，写一写

1. 科学家可以利用哪些技能来进行分类？
2. 如果你是一位科学家，你想要学些什么样的新技能？

科学方法

看一看，想一想

看到这只青蛙会游泳，你可能会想，它还会做哪些运动呢？科学家也会提出类似的问题。然后，他们再按照一定的步骤来找出问题的答案。

探究活动

青蛙是怎样运动的?

活动步骤

1. **观察** 仔细观察本页中的图片，思考一下青蛙是怎样运动的。
2. **记录数据** 在表格中列出你观察到的青蛙的不同运动方式。
3. **得出结论** 青蛙在做各种运动时，用到了身体的哪些部位？记录在你的表格中。
4. **交流** 青蛙是怎样运动的?

青蛙能跳多远？

科学家按照一定的步骤来进行调查，这些步骤叫作科学方法（scientific method）。下面是一名同学根据科学家使用的科学方法所做的探究活动。

观察

罗拉运用她所学的科学技能来观察教室里的青蛙。

提出问题

罗拉提出了一个问题。

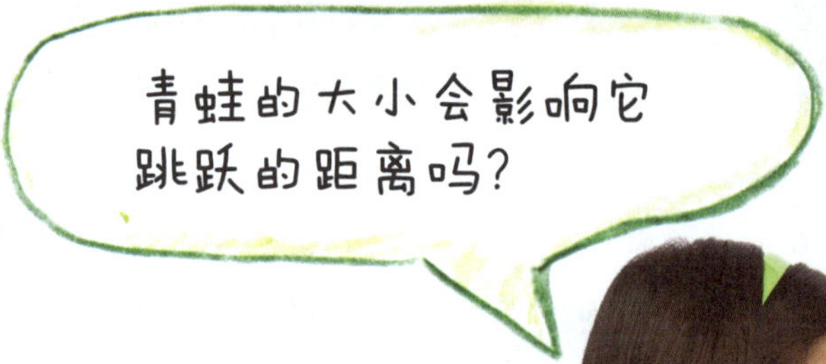

做出预测

罗拉预测的答案是“会”。她认为安迪会跳得更远，因为它的腿更长。

安迪

莫莉

制订计划

罗拉制订了一个计划来验证她的想法。她将计划写了下来，这样，其他人也可以按照她的计划来做实验。

我的青蛙跳跃计划

1. 在地上画一条起跳线。
2. 将一只青蛙放在起跳线后面，拍拍手让它跳起来。然后，测量青蛙跳了多远。
3. 选择其他青蛙，重复步骤②。

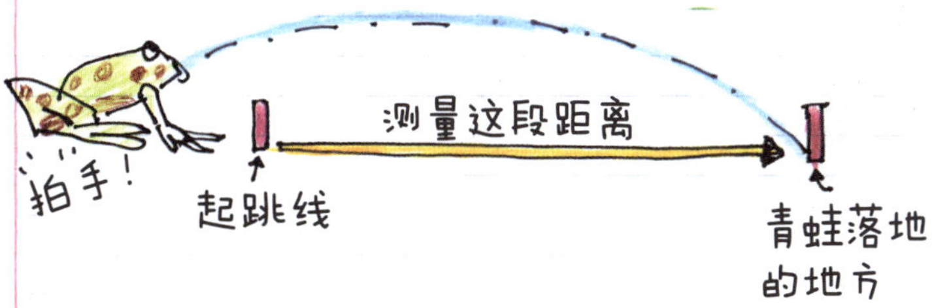

执行计划

罗拉按照她的计划完成了实验。如果这个计划行不通，那么她还需要修改计划。

你发现了什么？

记录结果

罗拉制作了一张图表，这张图表可以用来记录每只青蛙跳跃的距离。

每只青蛙可以跳多远

青蛙	第一跳	第二跳	第三跳
 安迪	20厘米		
 莫莉	25厘米		

重复实验

罗拉让每只青蛙都跳了三次，这样她可以确保实验测试的结果会更准确。

得出结论

罗拉对实验结果进行解释。

罗拉向同学们解释她的实验结果。这又带来了新的问题和进一步的研究。

你在探究的时候，可以遵循一定的科学方法。

科学方法

观察
↓
提出问题
↓
做出预测
↓
制订计划
↓
执行计划
↓
记录结果
↓
重复实验
↓
得出结论

想一想，说一说，写一写

1. 为什么对科学家来说，制订计划很重要？
2. 为什么科学家要将他们的计划写下来？

聚焦技能

科学和技术：设计过程

你曾提出过问题吗？如果有，你是怎么解决的？科学家利用设计过程（design process）来解决问题。

▶ 学习

在设计过程中，你首先要确定一个问题，接着要想出一个解决方案。解决方案是一种能解决你所提问题的方案，或寻找问题答案的方法、途径。你可以从你的朋友、老师那儿或者从书中获得一些启发，然后再设计你的解决方案。设计就是将你的想法画出来、写下来或者进行完善。

在学校学习时，你遇到过找不到学习用品这样的情况吗？你可以设计一种快速找到铅笔、蜡笔和其他学习用品的方案。

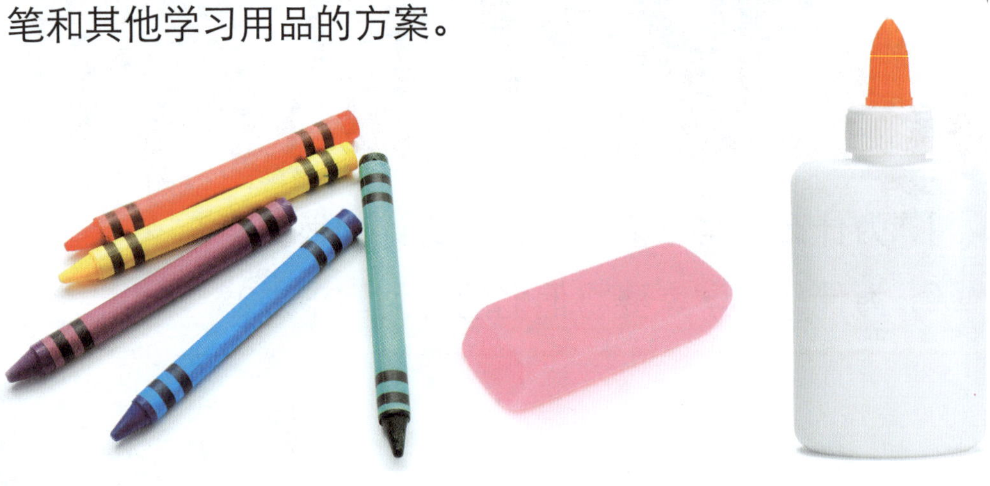

▶ 尝试

迈克尔设计了一个可以收纳各种学习用品的盒子。这个盒子里可以放铅笔、蜡笔、胶水和橡皮。

请你也设计一种能收纳学习用品的方案。把你的设计方案画成一张草图，并与老师交流。收集你所需要的实验材料，将你的设计方案制作出来并试试可不可行。

1. 你的设计方案和迈克尔的相比，有什么优缺点？
2. 你的设计方案能否解决你之前提出的问题？
3. 你会怎样改进你的设计方案？将改进办法写下来。

安全提示

当你看见"△小心"标志的时候，必须遵守下列安全规则。

遇到意外情况，比如实验材料意外打翻时，要立刻报告老师。

使用锋利的工具和玻璃时要小心。

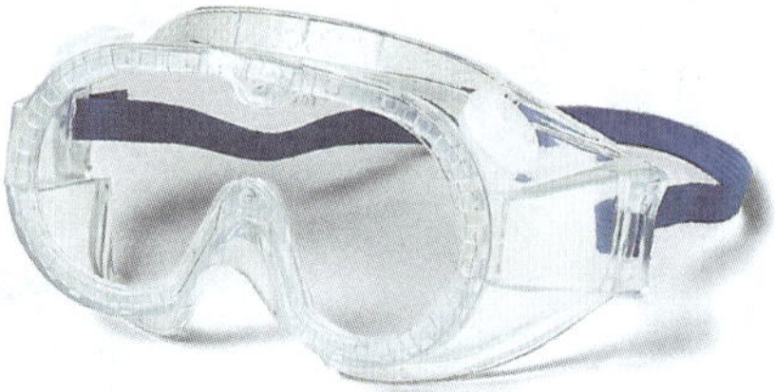

必要时，按照要求戴上护目镜。

每次活动结束后要记得洗手。

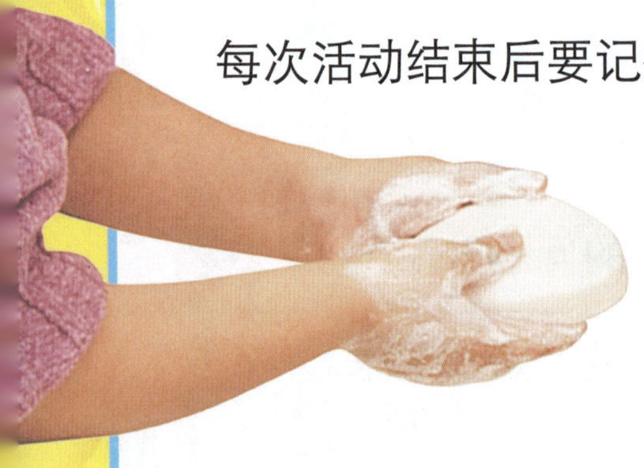

保持活动场所整洁。活动结束后，要将活动场所收拾干净。

运动和能量

过山车的速度可以超过每小时160千米。

实践：设计解决方案

你可以利用各种材料，然后针对某个问题来设计解决方案（design a solution）。

▶ 学习

欧文往书架上放书的时候发现，如果书架上的书没有放满，书就很容易倒下来。他想针对这个问题设计一个解决方案。经过认真思考，欧文想在书架上放一块防止书本滑倒的垫子。为此，他测试了多种不同的材料，希望能找出效果最好的那一种。

▶ 设计

请你试着像欧文一样设计一个解决方案。

1. 你会测试哪些材料的垫子？你需要哪些工具来设计你的解决方案？
2. 写下你的计划并进行测试。
3. **得出结论**　你觉得你的设计方案还有哪些改进空间？

▶ 应用

想一想你有没有遇到过类似的问题：你想让某个物体立着，它却不停滑倒。请为此设计一个解决方案，记得先想清楚你设计的解决方案需要哪些材料和工具。

第1章

物体怎样运动

大概念

物体是怎样运动的?

基本问题

第1课
你怎么知道某个物体发生了移动?

第2课
力能做什么?

第3课
怎样使用简单机械?

第4课
什么是磁铁?

美国科罗拉多州锡尔弗顿镇的蒸汽火车

核心词汇

运动 指物体的位置发生改变的现象。

摩擦力 一种阻碍物体运动的力。

杠杆 一种由绕固定支点转动的杆组成的简单机械。

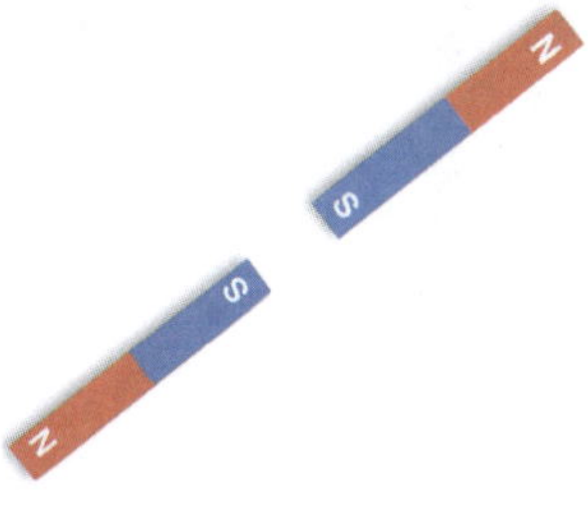

排斥 一种使物体相互分开的作用。

第1课

位置和运动

看一看，想一想

仔细观察照片中的狗。它们在哪里？你会选择哪些词语来形容它们所处的位置？

探究活动

哪些词语有助于我们找对物体?

活动步骤

1. 和同伴一起合作。你可以在教室里任意挑选一个物体，但不要告诉同伴你挑的是什么。
2. **交流** 描述你挑的物体在哪里，给你的同伴提供一些线索，让他（她）找一找这个物体。
3. 和同伴互换角色，然后重复上述步骤。
4. **得出结论** 在你的描述中，哪些词语对同伴快速找对物体最有用?

进一步探究

5. **交流** 画一幅图并写下寻找图中物体的提示词，让同伴来找找看。然后与同伴互换角色再试一次。

读一读，学一学

基本问题

你怎么知道某个物体发生了移动？

词汇

位置

运动

速度

什么是位置和运动？

位置（position）是某个物体所在的地方。你可以通过将某个物体的位置与其他物体的位置进行比较来确定该物体的位置。

你可以用“高处”或“低处”这样的词语来描述某个物体的位置。你还可以用里面、上方、下方、旁边、临近、左边或右边等词语来描述物体的位置。

▼图片中的小狗和小猫在哪里？请使用一句话描述它们所在的位置。

当某个物体运动时，它的位置会发生变化。**运动（motion）**是指物体的位置发生变化的现象。物体运动的形式多种多样，可以做向上、向下、转圈、左右或Z字形等运动。我们可以通过区分物体的位置变化来描述物体的运动。

起跳

怎样描述一个物体的位置以及它是如何运动的？

跨越

Z字形运动

穿越

什么是速度?

不同的动物，行动速度差别很大：有些动物，比如蜗牛，行动非常缓慢；而有些动物，比如猎豹，行动就非常迅速。**速度（speed）**是指物体在单位时间内运动的距离。

迷你实验

在教室里测量一段3米的距离。记录下你走完这段距离和跳完这段距离各需要多少时间。

我们可以用秒表和卷尺测算出猎豹的速度。所谓速度快是指在单位时间内运动的距离远。

动物的速度

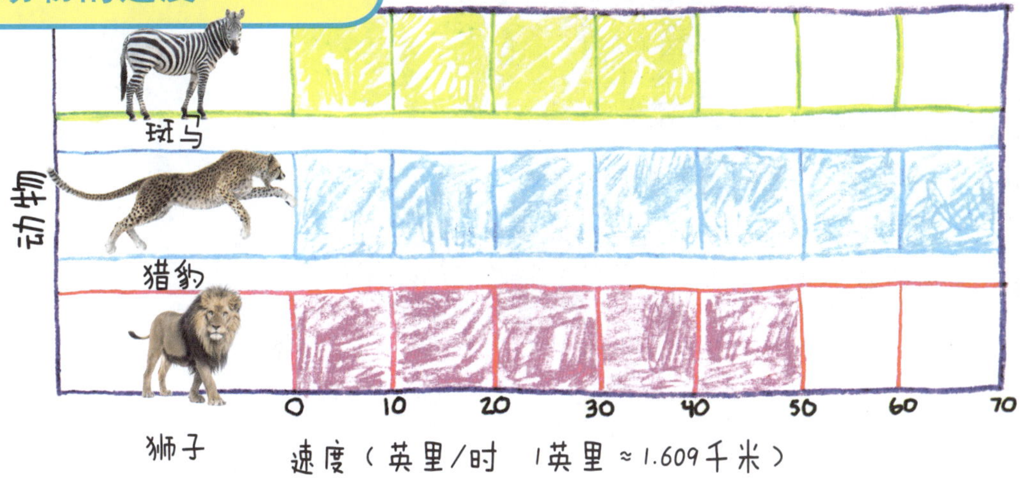

读 图

哪种动物速度最快？

快速运动的物体有哪些？

想一想，说一说，写一写

1. 排序 请依次描述当你从你的课桌移动到讲台的过程中，需要经过的物体有哪些。
2. 你能用哪些词来描述运动？
3. **基本问题** 你怎么知道某个物体发生了移动？

社会链接

绘制一张你所在教室的地图。在地图上标记并描述你所在的位置。

第2课

力

看一看，想一想

怎样才能让物体动起来？怎样才能让物体运动得更远？

探究活动

怎样让物体移动得更远、更快？

材料

玩具汽车

胶带

直尺

活动步骤

1. 把玩具汽车放在起跑线上，然后将车轻轻推过线。
2. **测量**　玩具汽车到底运动了多远？
3. 重复上述活动步骤，这一次用更大的力推动一下玩具汽车。你的实验结果发生了什么变化？

进一步探究

4. **预测**　如果你用同样的力拉一下玩具汽车，你觉得会出现什么现象？它还会移动一样的距离吗？

步骤 2

读一读，学一学

▶ 基本问题

力能做什么？

▶ 词汇

力

重力

摩擦力

怎样使物体动起来？

物体无法自行开始运动。你必须用推力或拉力来使某个物体运动。

当你在球场把球踢飞时，你的脚向足球施加了一个推力。如果你不踢球，球就会留在原来的地方。

▲ 踢得越有力，会使球运动得越远。

推力或拉力都是**力（force）**。如果你推某个物体，它会逐渐远离你。如果你拉某个物体，它会逐渐靠近你。

踢是一种推力，打开抽屉用的是拉力。你可以用不同大小的力移动不同的物体。

是什么让车动起来的？

为什么我们需要力的作用？

▼ 拔河时，两组队员都在拉绳子，但为什么绳子不动呢？

力有哪几种？

当你松开手里的球时，它会掉落在地上。**重力（gravity）**是物体由于地球的吸引而受到的向下的力。当你向上跳起时，重力会把你拉回地面。重力可以穿过固体、液体和气体而作用于物体。某个物体所受到的向下的重力大小也称为它的重量。

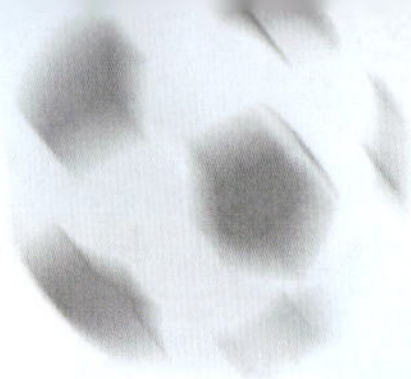

▲ 为什么球会掉下来？你觉得这条狗接下来会怎么样？

真相 所有的行星上都有重力。

当你滑冰时，将橡胶脚刹在地上拖曳，人就会慢慢停下来。这是因为橡胶脚刹在地面拖曳，两者之间产生了摩擦力。**摩擦力（friction）**是一种能减缓物体运动速度的力。当两个物体相互挤压或摩擦时，会产生摩擦力。

粗糙的表面通常比光滑的表面产生的摩擦力更大，所以在粗糙的表面推或拉物体，往往比在光滑的表面更费劲。

迷你实验

在不同的斜面上滑动积木，比较摩擦力对积木的滑动速度有什么影响。

重力和摩擦力有什么相同之处？

橡胶脚刹在地面拖曳后产生了摩擦力，于是滑冰者的速度就慢下来了。

球落在草地后滚了起来。摩擦力使球慢慢停下来。▼

力怎样改变物体的运动状态?

你知道吗?力可以改变物体的运动状态。力可以使物体开始运动、加速、减速或停止运动。力还能改变物体的运动方向。在垒球运动中,运动员用力来改变球的运动方向。

列举一项球类运动。在这项运动中,球员是怎样改变球的运动方向的?

投手用力把球扔向击球手。▼

球是怎样改变运动方向的?

◀击球手用推力击球。球改变运动方向,飞向外场。

外场的球员接球并用力阻止其运动。他还可以用力将球传给其他球员。▶

读　图

这几位运动员用的分别是哪种力?

想一想，说一说，写一写

1. 因果关系　当你对一个物体施加更大的力时，会发生什么?
2. 为什么在某些表面上很难推动物体?
3. **基本问题**　力能做什么?

社会链接

调查一个运动项目，并描述在这项运动中什么时候使用了推力或拉力。

带你认识赫克托·阿尔塞

赫克托·阿尔塞是一位天体物理学家。天体物理学家是研究行星、卫星和恒星的科学家。

赫克托·阿尔塞是美国自然历史博物馆的一名科学家。他致力于研究恒星是如何形成的。当万有引力把巨大的气团和尘埃聚集在一起时，就会形成恒星。万有引力还会导致恒星发生核聚变反应，并放出大量的光和热。这也是夜空中的星星会闪耀的原因。

重力是把你留在地球上的万有引力。你看不到万有引力，但它真实存在。事实上，它无处不在！行星、卫星和恒星上都有引力。引力有多强大？它甚至可以创造一颗新的恒星！

说一说

因果关系　恒星是怎样形成的?

赫克托用图片中这样的望远镜来观察恒星。

第3课

使用简单机械

看一看，想一想

你用过铲子吗？为什么用铲子挖土更省力？

探究活动

哪一边会翘上去？

活动步骤

1. 将马克笔粘贴到桌面中间。
2. 用胶带在直尺的一端粘贴10枚硬币，另一端粘贴5枚硬币。
3. **预测** 找到直尺的中点，如果你把直尺的中点支在马克笔上，会出现什么现象？哪一边会翘起来？试一试，看看你的预测是否正确。

进一步探究

4. 尝试移动直尺，使有10枚硬币的一端翘起。你需要把直尺移动到哪个位置？

材 料

马克笔

胶带

直尺

15枚硬币

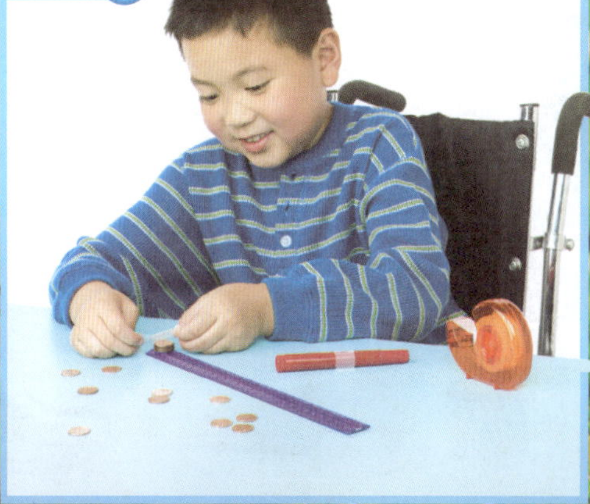

步骤 2

读一读，学一学

基本问题

怎样使用简单机械？

词汇

简单机械

杠杆

支点

斜面

什么是杠杆？什么是斜面？

简单机械（simple machine）是一种能够改变力的大小或方向的工具。简单机械可以使我们的日常工作更轻松。

杠杆（lever）是指可以绕一个固定的点转动的杆子。这个固定的点称为**支点（fulcrum）**。铲子和跷跷板都是杠杆。当你向下压住杠杆的一端时，另一端会向上翘起。

杠　杆

施加在锤子上的力可以从木板中拔出钉子。

读　图

支点在哪里？

▲ 将巨大的箱子抬进车厢需要花费很大的力气。如果借助斜面的话，你只要花较小的力气就可以把它推上去。

斜面也是一种简单机械。**斜面（ramp）**是一种平直且倾斜的表面。斜面可以用来将物体从一个地方移动到另一个地方。将重物从斜面底端推上来比直接将它提起来省力很多。在长而缓的坡道上移动物体，也比在短而陡的坡道上移动物体更省力。

✔ 为什么说杠杆和斜面可以使我们的日常工作变得更轻松？

还有哪些简单机械？

自行车中的车轮和车轴组成了一种简单机械。轮轴一般由车轮、杆或轴组成。自行车的车轴连接着车轮的中心，当车轮转动时，车轴也跟着转动。

门把手和方向盘也都用到了轮轴结构。汽车上的每根轴都连接着两个轮子。

迷你实验

调查 怎样用一个滑轮提起装满积木的桶？

这辆卡车的车轴在哪里？▶

滑轮也是一种简单机械。滑轮由轮子以及一条被轮子带动的绳索组成。当力通过滑轮作用于物体时，你可以改变施加在物体上的这个力的方向。滑轮一般用来将物体运送到高处。

在什么情况下，我们可以用滑轮来解决问题？

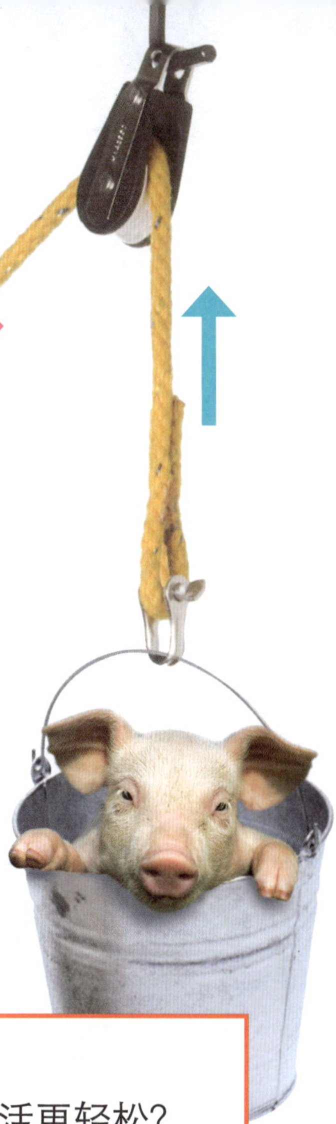

当你把绳子往下拉时，桶里的猪会朝着滑轮的方向上升。

想一想，说一说，写一写

1. 总结　为什么说简单机械能让我们的生活更轻松？
2. 什么是简单机械？
3. **基本问题**　怎样使用简单机械？

数学链接

统计家里和学校里常用的简单机械，制作一张统计图表。

一步一滑

你试过在冰面上行走吗？冰面很光滑，一不小心就会摔倒！南极冰原上的企鹅，有时还会用肚子在冰面上滑行。

写作

企鹅为什么可以在冰面上滑行？根据你所学的关于力的知识，解释为什么在冰面上行走很容易滑倒。

提示

当你在传达信息时，你必须阐述事实。

球运动了多远？

这些学生正在打垒球。他们想知道球运动的距离。

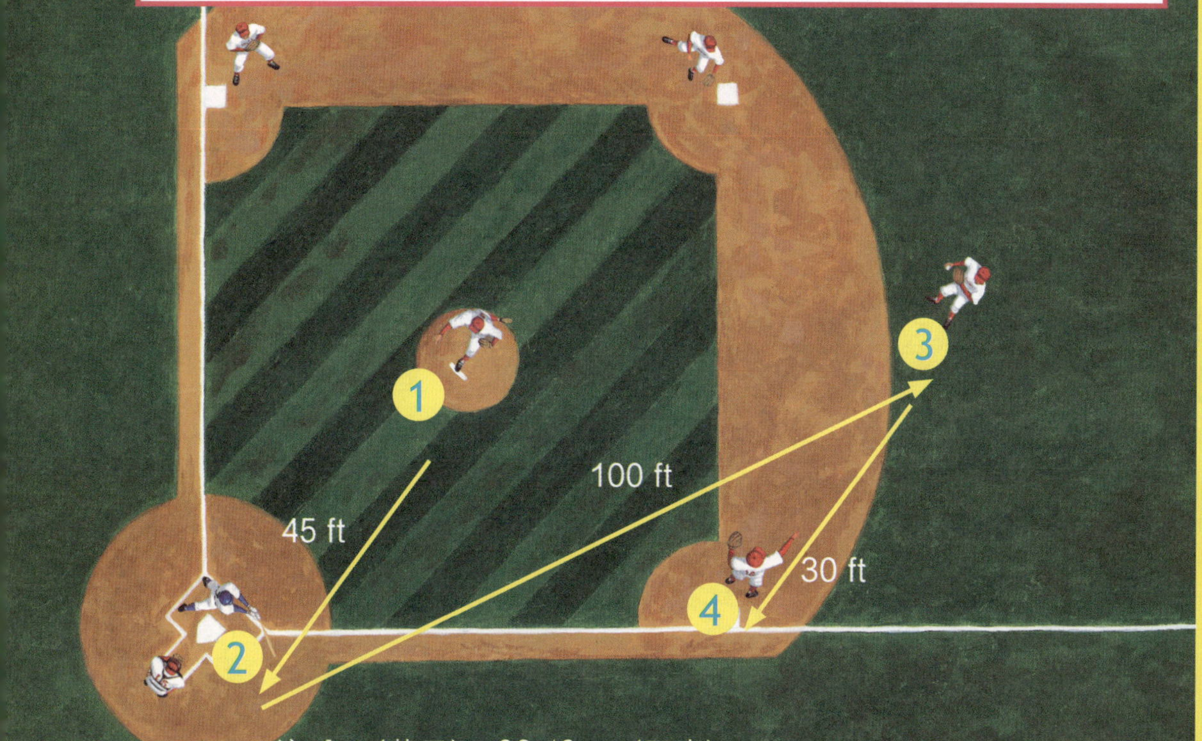

注: 1 ft（英尺）=30.48 cm（厘米）

加法运算

把球这几次运动的距离都加起来，算出它一共运动了多远。这场比赛中，球一共改变了多少次运动方向？请你再编一道跟这场垒球比赛有关的数学题。

提示

计算加法时，先算个位，再算十位，然后算百位。

第4课

探究磁铁

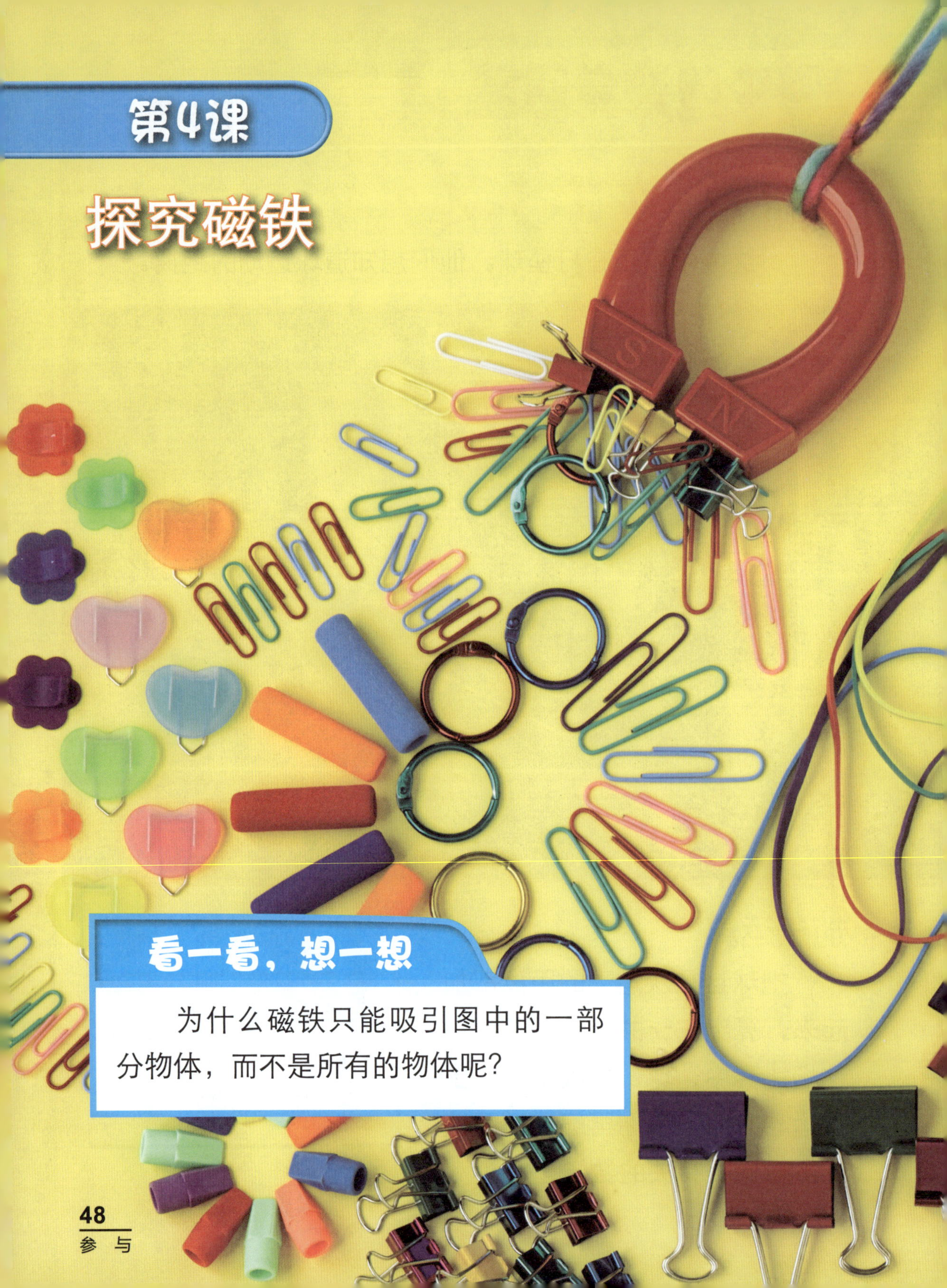

看一看，想一想

为什么磁铁只能吸引图中的一部分物体，而不是所有的物体呢？

探究活动

磁铁能吸引哪些物体？

活动步骤

1. **预测** 将这些小杂物都放入袋子里。哪些物体会被磁铁吸引？
2. 将绳子的一端系在铅笔上，另一端绑一块磁铁。
3. 用磁铁吸引袋中的小杂物。

步骤 3

材料

一些小杂物

纸袋

绳子

铅笔

磁铁

进一步探究

4. **分类** 被磁铁吸引的物体有哪些相似之处？

读一读，学一学

基本问题
什么是磁铁？

词汇
吸引
磁极
排斥

磁铁有什么作用？

磁铁可以吸引（attract）或者拉动某些物体。磁铁产生的作用力可以穿过固体、液体和气体而作用于被它吸引的物体。磁铁离物体越远，它吸引物体的拉力就越小，但有些强磁性的磁铁可以吸引距离它很远的物体。

许多磁铁中含有铁元素，磁铁能吸引包括某些钢在内的铁制品，还可以吸引一些镍制品。

磁铁不用直接接触就可以拉起回形针。

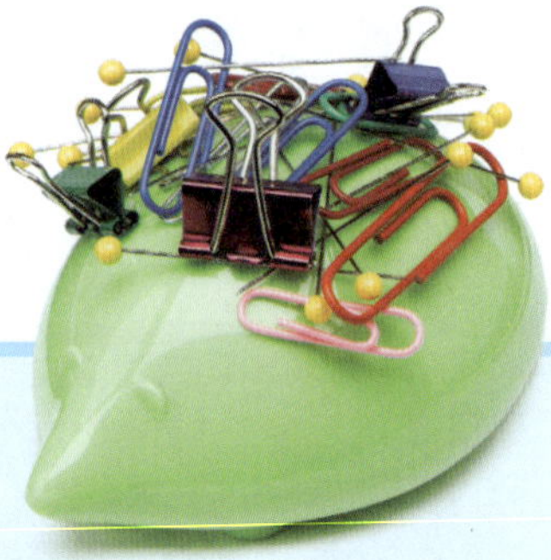

磁铁吸住这些物体，把它们固定在一个地方。

还有很多物体是磁铁吸引不了的，这些物体包括塑料、木材和某些金属等。你可以试着拿磁铁在教室里到处走走，看看磁铁可以吸引哪些物体，不能吸引哪些物体。

磁铁能吸引什么

物品	吸引	不吸引
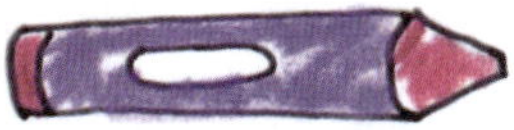 蜡笔		✓
 铁钉	✓	
 橡皮擦		✓
 锁	✓	

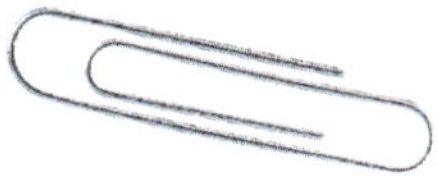

读　表

哪些物体会吸在磁铁上？

磁铁能吸引纽扣吗？为什么？

什么是磁极？

磁铁的两端是它的两个**磁极**（pole）。每个磁铁都有一个北（N）极和一个南（S）极。将一个磁铁的N极放在另一个磁铁的S极旁边，它们会互相吸引。

迷你实验

调查　用标签遮住两根条形磁铁的磁极。试着找出这两根磁铁中，哪两个磁极是相同的，哪两个磁极是不同的。

如果把两个磁铁的S极放在一起，它们会相互**排斥**（repel），或者说互相推开。如果把两个磁铁的N极放在一起，也会出现同样的现象。磁铁的磁力在磁极处最强。

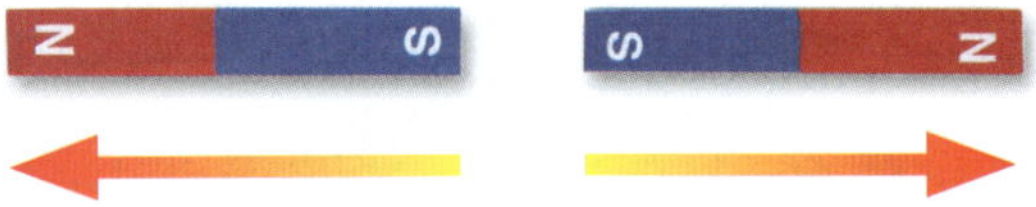

◀ 磁铁吸引铁屑。

真相　有些磁铁的磁性比普通磁铁强很多。

地球就是一个巨大的磁铁。与每个磁铁一样，它也有N极和S极。

指南针是一根可以自由转动的磁铁。指南针的N极指向地球的北极。

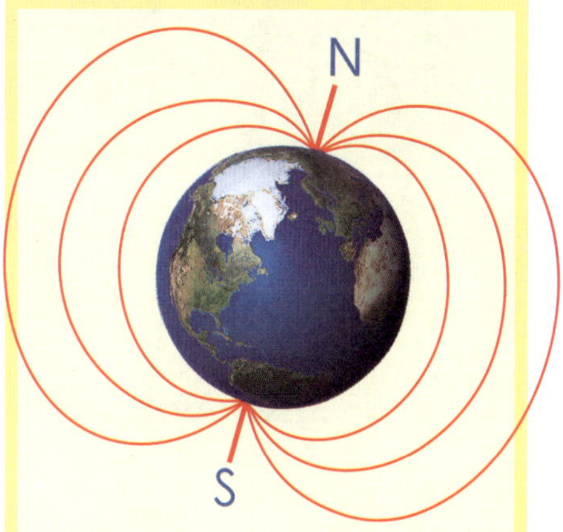

地球表面分布着磁场。

指南针内的红色指针指向地球北极。

磁铁的哪处磁性最强？

想一想，说一说，写一写

1. 问题和解决方案　有两块相互排斥的磁铁，怎么能让它们吸在一起？
2. 磁铁能吸引哪些物体？
3. 基本问题　什么是磁铁？

艺术链接

制作一张海报，展示磁铁有哪些用处。

阅读回顾

无处不在的力

推呀推，我整天都在用力。我推着沉重的手推车让它动起来，推力是一种力。我拉住手推车让它停下来，拉力也是一种力。

扑通！我打破了一个鸡蛋。一种叫作重力的力使鸡蛋液掉进了碗里。物体能以不同的方式运动。我不停地搅拌用来做煎饼的面糊。

飞起来！我快速翻转着煎饼。简单机械可以让工作变得更轻松。杠杆可以改变力的方向。力使煎饼在空中翻转。

美味！煎饼盛在我的盘子里了。做煎饼离不开推力和拉力。冰箱上的磁贴上还贴着我的购物单，是时候再去买些新鲜的鸡蛋和牛奶了！

第1章 复习和测试

词 汇

DOK 1

选择方框中合适的词汇填空，每个词汇限用一次。

摩擦力
重力
杠杆
位置
斜面
速度

1. 当两个物体彼此摩擦时，它们会因为__________而减速。
2. 图中这种可以更方便地将物体推到高处的简单机械叫作__________。

3. 我们可以通过__________来分辨物体在哪里。
4. 物体由于________作用掉落到地上。
5. 物体在单位时间内运动的快慢称为__________。
6. 一种能绕一个支点转动的简单机械叫作__________。

科学技能和科学概念

DOK 2

请回答下列问题。

7. 总结　描述一下蓝色纸张所在的位置。

8. 调查　哪些工具能帮助你移动一个沉重的物体？

9. 描述一下这张图片中都有哪些简单机械，以及它们的工作原理。

大概念

10. 物体是怎样运动的？

表现性评价

DOK 2

磁铁迷宫

- 在一张纸上画一个迷宫，纸上放一枚回形针，纸下用一块磁铁吸住回形针。用磁铁吸着回形针走完迷宫，请同伴计时，测算走完迷宫需要多长时间。

- 拿掉磁铁，在不直接接触回形针的前提下，再次尝试用回形针走完迷宫。你觉得可以用什么方法控制回形针？和之前的方法比，哪种方法用时更长？为什么？

- 如果用塑料回形针代替上述实验中的金属回形针，会出现什么现象？为什么？

- 你还可以在这个磁铁迷宫游戏中换用哪些物体？

测　试

1 右图统计了火车、汽车、飞机和轮船的行驶速度。哪种交通工具速度最快？

DOK 2

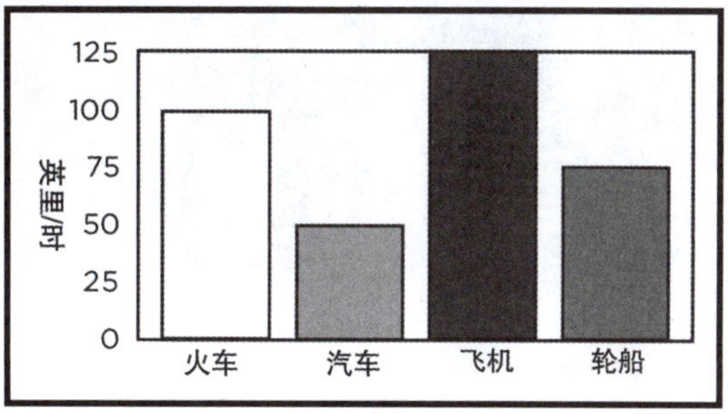

A 火车

B 汽车

C 飞机

D 轮船

2 仔细观察右图。这个男孩用哪种力关门？

DOK 1

A 重力

B 摩擦力

C 拉力

D 推力

3 磁铁吸引不了下列哪个物体？

DOK 1

A 回形针

B 剪刀

C 橡皮筋

D 别针

第2章

能量的利用

大概念 我们怎样利用能量？

基本问题

第1课
热能对物质起什么作用？

第2课
我们是怎样听到声音的？

第3课
为什么光能帮助我们看清物体？

第4课
我们怎样获得电能？

核心词汇

燃料　燃烧时会释放热量的物质。

振动　快速的往复运动。

电路　电流流过的路径。

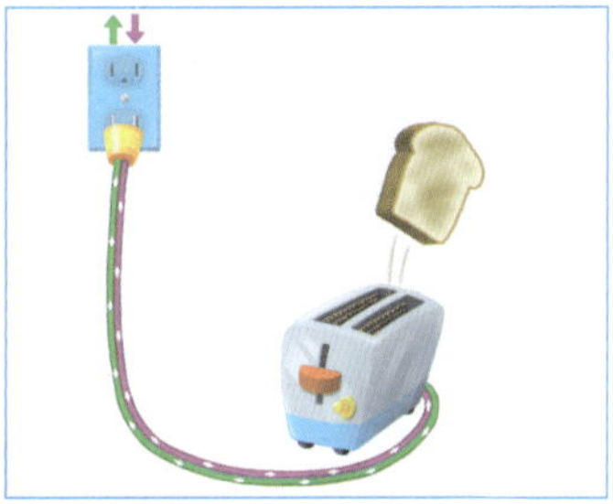

电流　一种在电路中传递的能量。

第1课

热

看一看，想一想

这是晴天的沙漠。为什么说这里的天气很热?

探究活动

冰块在哪里融化得更快?

活动步骤

1. 在两个杯子中装等量的冰块。把一个杯子放在阳光充足的地方，另一个杯子放在阴凉的地方。
2. **预测** 哪个杯子里的冰块会先融化完?
3. 记录每个杯子里的冰块完全融化所需要的时间。为什么其中一杯冰块融化得比较快?

进一步探究

4. **预测** 在两个杯子中倒等量等温的水，重复上述活动步骤。每隔10分钟测一次水的温度，两杯水的温度变化情况如何?

材 料

冰块

2个杯子

钟或表

步骤1

读一读，学一学

基本问题

热能对物质起什么作用？

词汇

热量

燃料

什么是热量？

能量可以使物体运动或状态发生改变。能量有很多种，热量（heat）就是一种可以改变物质状态的能量。热量可以将固体变成液体，也可以将液体变成气体。我们每天都在利用热能。地球上的大部分热量来自太阳，太阳照耀和温暖了地球上的空气、土地和水。

在晴朗的日子里，太阳的热量温暖了水、土地和空气。

除了太阳，热量还有其他来源。**燃料（fuel）**在燃烧时会释放热量。天然气、石油、木材和煤炭都可以作为燃料。

热量也可以来自运动。快速地搓动双手，你能感觉到手上的温度升高了。然后用手触摸你的脸，热量就会从你的手上转移到你的脸上。

▲人们用燃料来取暖。

学校和家里是怎样利用热能的？

人们用燃料来烹饪食物。▼

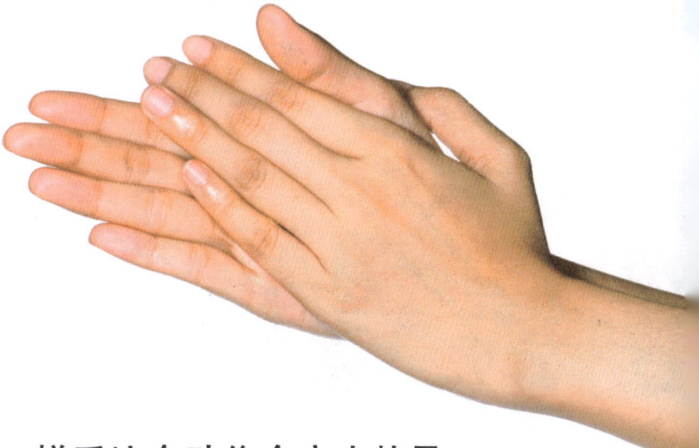

搓手这个动作会产生热量。▲

什么是温度？

温度是衡量物体冷热程度的指标。日常生活中，我们会测量空气、水和身体的温度。为了测量温度，我们需要使用一种叫作温度计的工具。有些温度计里面装有液体。这些液体会随着温度的变化而出现热胀冷缩的现象。

温　度

读　图

白天的气温高还是夜晚的气温高？为什么？

迷你实验

用温度计**测量**并比较杯子中的土壤、水和空气的温度。

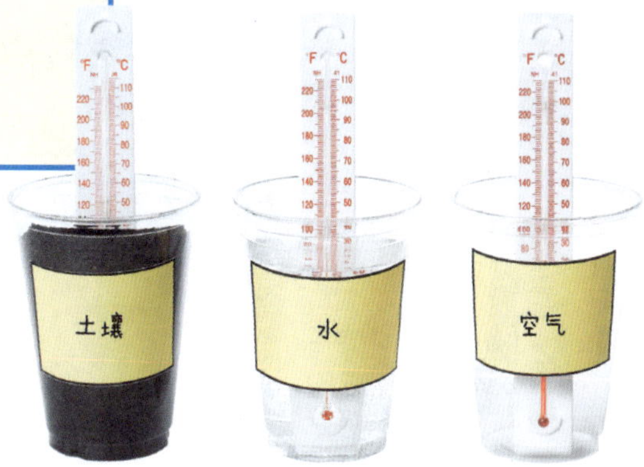

你还可以测量哪些物体的温度？

想一想，说一说，写一写

1. **中心思想和论据** 人类需要的大部分热量来自哪里？
2. 怎样测量温度？
3. **基本问题** 热能对物质起什么作用？

艺术链接

找一找学校或家附近的热源，并把它们画出来。

第2课

声音

看一看，想一想

嘘，小声点！声音是怎么发出来的？为什么不同物体发出的声音听起来大不相同呢？

探究活动

声音是怎样产生的?

活动步骤

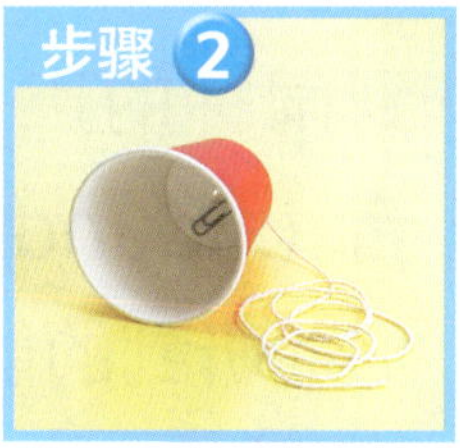

1. 将绳子的一端系在回形针上。在杯子底部戳一个小孔。
2. 将绳子穿过小孔，然后拉出绳子，最后回形针会卡在杯底。回形针的作用是固定绳子和杯子。
3. 戴上护目镜。和同学合作，一人负责握住杯子，一人负责拉紧绳子，还有一人负责弹拨绳子。
4. **观察**　出现了什么现象？你认为声音是怎么产生的？

进一步探究

5. **预测**　如果改变绳子的长度，声音会有变化吗？试一试。

材　料

绳子

纸杯

护目镜

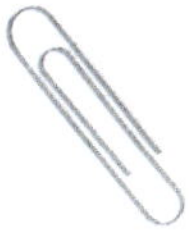
回形针

读一读，学一学

▶ **基本问题**

我们是怎样听到声音的？

▶ **词汇**

声音

振动

音调

声音是怎么产生的？

丁零零！响亮的闹钟每天早上都会叫醒你。那么，你是怎样听到闹钟的声音的呢？**声音（sound）**是一种我们能听到的能量。

▲ 当闹钟响起来时，铃铛快速地来回振动。

为什么我们能听到声音

▲ 吉他的弦振动后，带动周围的空气振动，并通过共鸣箱放大声音。

物体振动时发出声音。**振动（vibrate）**是指物体做快速的往复运动。当物体振动时，它周围的空气也会跟着振动。

我们的身体里有一个很特殊的器官——鼓膜。它是我们用来接收声音的器官。耳朵的鼓膜接收到声音信号之后传递给大脑，大脑可以根据这些信号判断出我们听到了什么样的声音。

迷你实验

找到一种叫作音叉的工具。观察碰撞音叉时出现的现象，然后把它放入水中继续观察。

为什么你能听到声音？

读 图

声音是怎样从吉他传进男孩的耳朵的？

▼ 这些振动会传到你耳朵中的鼓膜上，这样你就能听到吉他的声音了。

为什么不同物体发出的声音听起来不尽相同？

世界上有各种各样的声音。每天，你都会听到响亮的声音，也会听到柔和的声音。说话的时候，你也可以控制自己的声音，有时候你需要使自己的声音变得响亮，有时候你则需要让自己的声音听起来很柔和。轻声细语时发出的能量远低于大声叫喊时发出的能量。试试看，用洪亮的声音说话，然后再用柔和的声音说话。

▲ 微小的振动会发出柔和的声音。猫的叫声听起来很柔和。

▼ 巨大的振动会发出响亮的声音。狮子的吼叫声听起来很响亮。

音调（pitch）是指声音的高低。快速地振动会发出高音调的声音，缓慢地振动会发出低音调的声音。

竖琴

▶ 如果拨动竖琴上短而紧绷的弦，会发出高音调的声音。

▶ 如果拨动竖琴上长而松弛的弦，会发出低音调的声音。

高音调是怎么产生的?

真相 ▶ 还有些声音是人类无法直接听到的。

声音通过什么传播?

将耳朵贴在桌面上，然后用铅笔轻轻敲打桌子，你就会听到桌子振动的声音。声音可以通过固体，比如木头或塑料来进行传播。

声音也可以通过液体进行传播。你在水下听到过声音吗？当一个声源在水下发出声音的时候，附近的水会跟着振动，从而传递声音。

▼ 海豚和其他动物在水下通过声音交流。

日常生活中，我们听到的声音大都是通过空气的振动进行传播的。空气是由不同的气体组成的，气体也可以传播声音。当你离声源越近，听到的声音就越响；离声源越远，听到声音就越轻。

▲ 怎么判断消防车离你的距离是近还是远？

✔ 声音可以通过什么传播？

想一想，说一说，写一写

1. 问题和解决方案　拨动吉他上不同的弦，粗的弦和细的弦发出的声音有什么区别？怎样让同一根弦发出更高的音调？
2. 拍手为什么可以发出声音？
3. **基本问题**　我们是怎样听到声音的？

音乐链接

尝试自己动手做一个乐器：用粗细不同的橡皮筋上下套住塑料杯，拨动橡皮筋可以发出不同的音调。

听一听！

想一想你每天听到的声音：有些声音响亮，有些则很柔和；有些声音很高亢，有些则很低沉。

提示

当你描述事物时，要注意细节描写。

写作

描述一下你每天听到的声音有什么样的音调和音量。我们是如何利用声音的？为什么说声音很重要？

击鼓的乐趣

李小姐的乐器店里出售四种不同的鼓：第一种鼓宽10厘米，第二种鼓宽20厘米，第三种鼓宽30厘米。

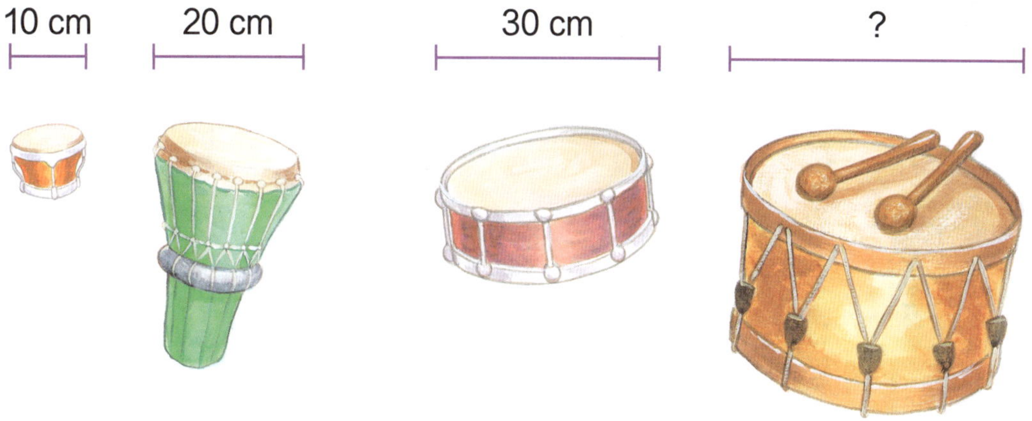

找出规律

根据前三种鼓的规律，第四种鼓有多宽？你可以根据下面的规律进行计算。

10＋10＝20

20＋10＝30

30＋？＝？

> **提示**
> 你可以通过寻找规律来解决问题。

李小姐说，最小的鼓音调最高。那么你推断哪个鼓的音调最低？

第3课

光

看一看，想一想

光从哪里来？是什么阻挡了光的传播？

探究活动

光可以穿过哪些物体？

活动步骤

1. **预测**　光能穿过哪些材料？哪些材料不透光？
2. 和同学合作，一人支起一块纸板，然后拿保鲜膜放在纸板前面约7厘米处。另一人用手电筒照向保鲜膜。
3. **观察**　保鲜膜能挡住手电筒的光吗？
4. **比较**　哪些物体不透光？哪些物体透光？

进一步探究

5. **预测**　换成教室里的其他物体试一试，会出现什么现象？

材　料

手电筒

纸板

保鲜膜

各种物品

步骤 2

读一读，学一学

基本问题

为什么光能帮助我们看清物体?

词汇

光

反射

什么是光?

我们需要光才能看清物体。光（light）也是一种能量。我们能看清周围的物体，是因为光会从物体的表面反射（reflect）到人的眼睛里。反射光进入眼睛后，我们就可以看清物体的模样。

光的来源多种多样。它可以来自太阳，可以来自灯泡，也可以来自手电筒。对于地球而言，最大的光源是太阳。

光滑、闪亮的物体，比如镜面，能反射光。

你玩过影子游戏吗？有的话，那你一定见过阴影了。阴影是一处光无法照到的暗区。

不同的物体透光程度不一样。书本是一种不透光、能形成阴影的固体物质。玻璃是透明的，它透光，所以我们无法用玻璃形成阴影。

影　子

读　图

影子是怎样形成的？

常见的光源有哪些？

怎样才能看到不同颜色的光？

你知道光可以发生折射吗？白光是不同颜色光的混合物。当白光被折射时，它会分离成不同的颜色。彩虹就是白光发生折射的结果。

棱镜是一种能使光发生折射的物体。

迷你实验

使用棱镜和阳光来做一道人造彩虹吧！观察并画出你的实验结果。

棱镜

雨滴可以像棱镜一样折射太阳光，于是雨过天晴的天空中会出现彩虹。

你见过各种不同颜色的光吗？滤镜是一种工具，它可以过滤特定颜色的光。

有些滤镜只能透过一种颜色的光。红色滤镜可以过滤红光以外其他颜色的光，这样一来，透过红色滤镜，你就只能看到一片红色。

交通信号灯装上不同颜色的灯罩，灯光就出现了红色、绿色和黄色。

日常生活中，我们最常见的光是什么颜色的？

想一想，说一说，写一写

1. 排序　在我们看到物体的过程中，光经历了哪些过程？
2. 什么样的物体会产生阴影？
3. **基本问题**　为什么光能帮助我们看清物体？

艺术链接

制作一个滤镜：将手电筒蒙上不同颜色的塑料膜，然后用它们来表演皮影戏。

第4课

探究电

美国加利福尼亚州圣弗朗西斯科的海湾大桥

看一看，想一想

这些灯从哪里获得能量？

探究活动

怎样让电灯泡亮起来？

活动步骤

1. **预测**　你面前有电池、电灯泡和电线。怎样连接电灯泡才会亮？与同伴一起讨论，记录下你们的想法。
2. ⚠小心！按照你们的设想进行实验。哪些想法成功点亮了电灯泡？哪些想法不起作用？
3. **记录数据**　与同伴一起记录实验结果。你们可以用多少种方法让电灯泡亮起来？

材　料

电线

电池

电灯泡

进一步探究

4. **预测**　如果现在你有2个电灯泡，怎样才能让第二个电灯泡也亮起来？你还需要哪些材料？

读一读，学一学

基本问题

我们怎样获得电能？

词汇

电流

电路

静电

什么是电流？

你曾经在玩具里装过电池吗？电池可以为玩具提供一种叫作电的能量。电是一种可以沿着电线流动的能量。电的流动产生**电流（current electricity）**，而电流所流经的路径叫作**电路（circuit）**。只有闭合的电路才会有电流流通。

电 路

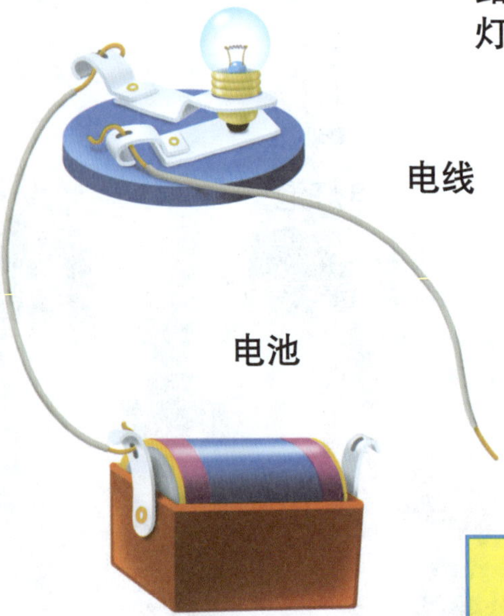

▶ 只有当电线彼此首尾相连成一个闭合的电路（回路）时，指示灯才会亮起。

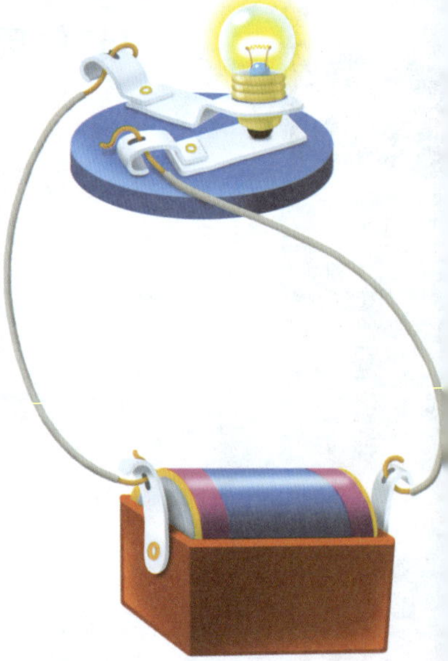

读 图

哪张图片显示的是一个回路？

电流可以转化为热能、光能或声能。它还可以使物体运动。电流可以来自电池，也可以来自墙面插座中的家庭电路。

发电厂将其他类型的能源转变成电能，然后通过电线将电能输送到家里的插座中。如果将烤面包机的插头插入插座，并打开开关，烤面包机就和发电厂的电源形成了一个闭合电路。

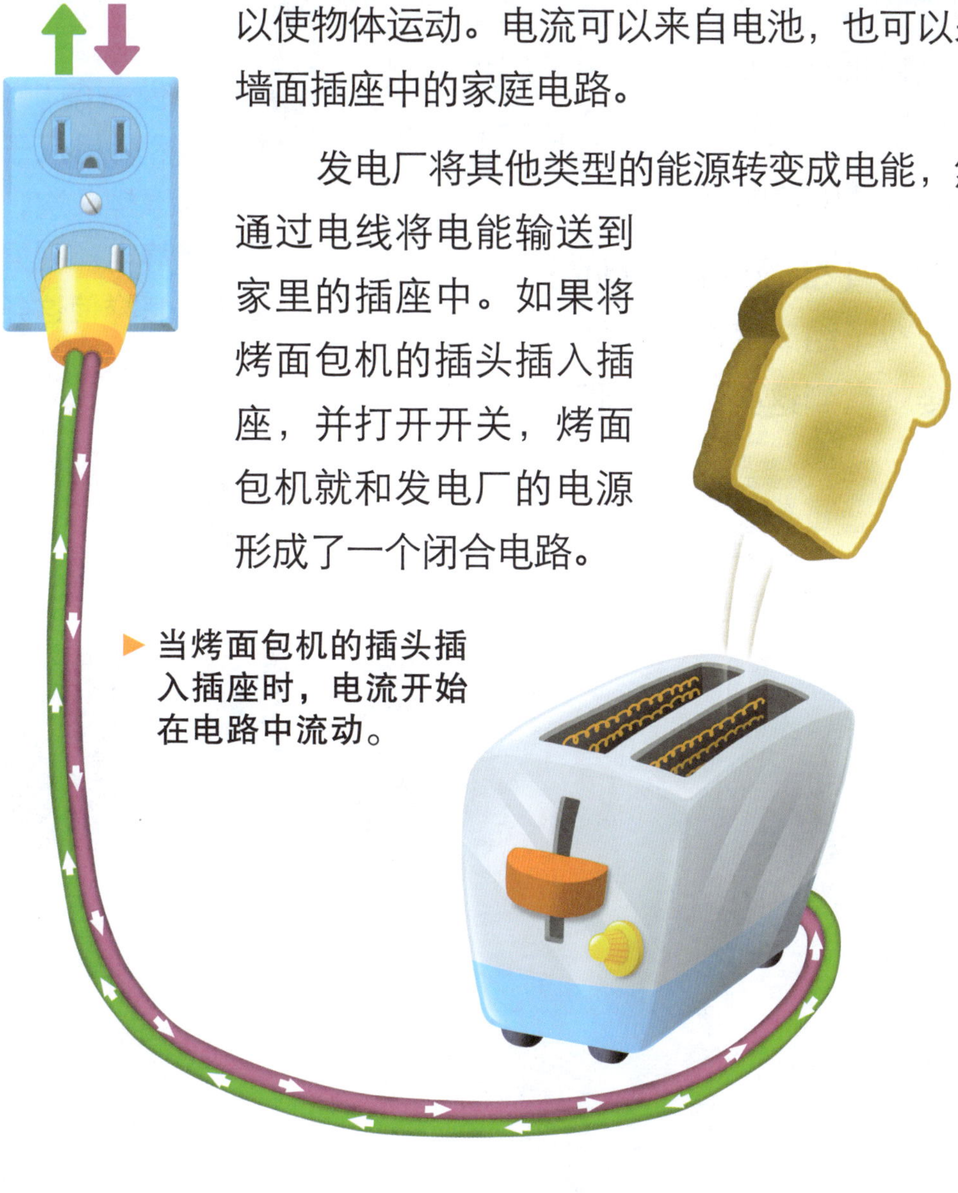

▶ 当烤面包机的插头插入插座时，电流开始在电路中流动。

日常生活中，你怎样利用电流？

真相 **家庭电路中的电流来自发电厂，而不是家里的墙壁。**

什么是静电？

当你把衣服从烘干机里取出来的时候，常常会发现它们彼此绞在一起了！这是因为静电造成的。

静电（static electricity）是一种由微小的粒子组成的能量。我们无法用肉眼直接观察到这些物质，但它们其实无处不在。

这些粒子的性质也像磁铁一样，有些会相互吸引，有些会相互排斥。

迷你实验

用纸巾做一条“蠕虫”，然后用尺子在上面摩擦几次，使它带静电。观察尺子是怎样使这条“蠕虫”运动的。

闪电是一种带电粒子在云和云之间，或云和地面之间发生的猛烈放电现象。

当微小的粒子彼此吸引或排斥时，它们会产生静电。

静电可以在一个物体上积聚并转移到另一个物体上。有时，我们还可以看到或听到静电从一个物体转移到另一个物体的现象。

▲ 猫的毛发被带静电的气球吸引，竖了起来。

你还可以找出哪些有关静电的例子？

想一想，说一说，写一写

1. 因果关系　电池是怎样让玩具工作的？
2. 哪种能量导致烘干机烘完的衣服绞成一团？
3. **基本问题**　我们怎样获得电能？

社会链接

研究并撰写一篇短文，谈谈人们是怎样使用电能的。

这都需要电！

按下开关，你可以打开电灯，启动计算机或洗碗机。这是因为它们都需要电才能工作。

电是在发电厂里生产出来的。发电厂用其他形式的能源驱动一种叫作涡轮机的大轮子转动。这些其他形式的能源可能来自燃烧煤或石油，流动的水、风或核反应。

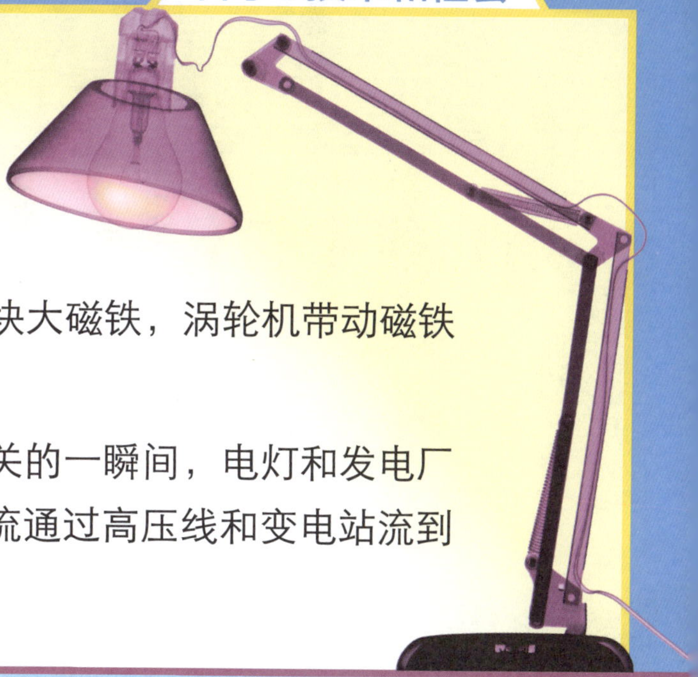

在发电机的内部有一块大磁铁，涡轮机带动磁铁转动，然后产生电流。

当你在家按下电灯开关的一瞬间，电灯和发电厂形成闭合电路。然后，电流通过高压线和变电站流到家里的插座和灯泡中。

说一说

因果关系　是什么让你家里的灯亮了？

阅读回顾

能量篇

有些能量看得见，
有些能量感受得到。
热是一种能量，
它可以使固体熔化。

声音是一种能量。

我能听到高低不同的音调。

之所以能听到声音，是因为振动，

振动幅度有大有小，振动频率有快有慢。

光是一种能量。

光可以发生反射和折射。

我阻挡了光线，于是墙面上出现了我的影子。

当七种颜色的光混合时，我看到的是白光。

电是一种能量。

很多设备的运转都离不开电。

没有电，

我的电动玩具都动不起来！

第2章 复习和测试

词 汇

选择方框中合适的词汇填空，每个词汇限用一次。

电路
电流
反射
静电
振动

1. 声音是物体__________产生的。
2. __________在电线中流动。
3. __________可以从一个物体转移到另一个物体。
4. 我们可以看到物体，是因为它们__________了光。
5. 下图表示一个闭合的__________。

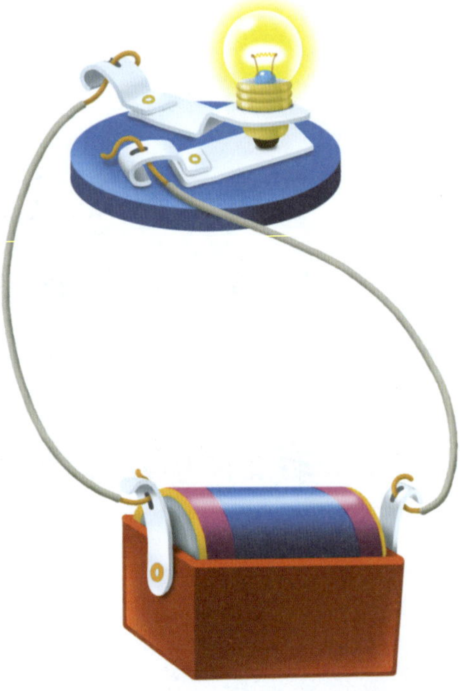

科学技能和科学概念

DOK 2

请回答下列问题。

6. 当声源渐渐远离你时，你听到的声音会有什么变化？

7. 测量　图示温度计的读数是多少摄氏度？

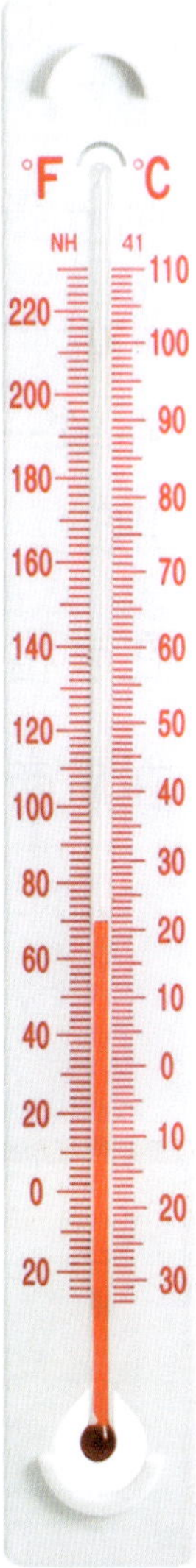

8. 热能有什么作用？

9. 中心思想和论据　为什么你能用棱镜做出彩虹？

大概念

10. 我们怎样利用能量？

表现性评价

DOK 2

能源

制作一张表格，记录不同类型的能源及其相关信息。

- 画一张5行3列的表格，你也可以模仿下图这张表格。
- 在第一行写上标题：能源类型、来源、用途。
- 在表格的第一列写上4种能量的名称。
- 在后两列填写每种能量的来源和用途。

能源类型	来源	用途
热	太阳、搓手、燃料	保暖、烹饪
声		
光		
电		

测 试

1 在铁路轨道旁边，你听到的火车轰鸣声越来越响。这可能是下列哪种情况造成的？

DOK 2

A 火车离你越来越近。

B 火车离你越来越远。

C 火车正在减速。

D 火车正在加速。

2 当白光发生折射时，会出现什么现象？

DOK 1

A 它加速了。

B 它分离出不同颜色的光。

C 它形成了一个阴影。

D 它让我们看不清东西。

3 看图回答问题。这个电路中，哪个部分能产生电？

DOK 1

A 灯泡

B 开关

C 电线

D 电池

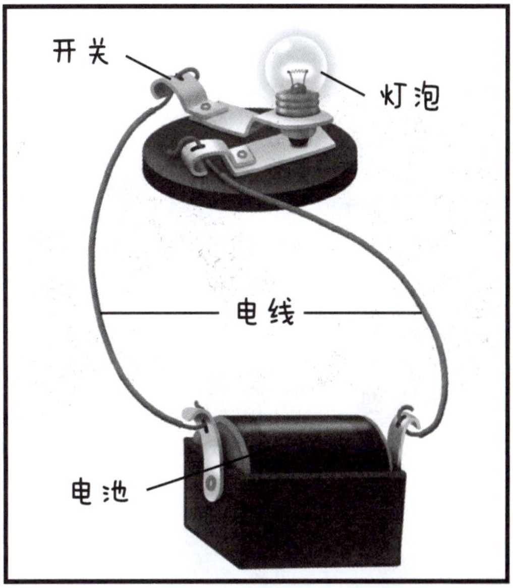

碰撞测试员

如果你很喜欢研究汽车和安全驾驶，那你可以考虑成为一名碰撞测试员。碰撞测试员通过设计碰撞实验，让汽车变得更加安全。

碰撞测试员利用假人或大型玩偶研究在车祸中人体会受到什么伤害。然后，他们会想办法改进设计，使汽车更安全。碰撞测试员重点研究安全气囊和安全带，以便更好地保护车内人员。

碰撞测试

更多相关职业

机械师

汽车设计师

《科学启蒙（第二版）》版权声明

科学启蒙（第二版） 运动和能量 ②

McGraw-Hill Education
Science A Closer Look
Motion and Energy
978-0-02-136120-5
Copyright © 2014 by McGraw-Hill Education.

All Rights reserved. No part of this publication may be reproduced or transmitted in any form or by any means, electronic or mechanical, including without limitation photocopying, recording, taping, or any database, information or retrieval system, without the prior written permission of the publisher.

This authorized Chinese translation edition is jointly published by McGraw-Hill Education and Zhejiang Education Publishing House.This edition is authorized for sale in the People's Republic of China only, excluding Hong Kong, Macao SAR and Taiwan.
Copyright © 2019 by McGraw-Hill Education and Zhejiang Education Publishing House.

版权所有。未经出版人事先书面许可，对本出版物的任何部分不得以任何方式或途径复制或传播，包括但不限于复印、录制、录音，或通过任何数据库、信息或可检索的系统。

本授权中文简体字翻译版由麦格劳-希尔（亚洲）教育出版公司和浙江教育出版社合作出版。此版本经授权仅限在中华人民共和国境内（不包括香港特别行政区、澳门特别行政区和台湾）销售。

版权© 2019由麦格劳-希尔（亚洲）教育出版公司与浙江教育出版社所有。

本书封底贴有McGraw-Hill Education公司防伪标签，无标签者不得销售。

浙江省版权局著作权合同登记号：11-2018-537

图书在版编目（CIP）数据

科学启蒙：第二版. 运动和能量. ②／（美）杰伊·哈克特等著；张俊等译. -- 杭州：浙江教育出版社，2019.11（2021.4 重印）
ISBN 978-7-5536-9619-5

Ⅰ. ①科… Ⅱ. ①杰… ②张… Ⅲ. ①科学知识－少年读物②运动学－少年读物③能－少年读物 Ⅳ. ①Z228.1②O31-49

中国版本图书馆CIP数据核字(2019)第240721号

科学启蒙（第二版）

KEXUE QIMENG (DI ER BAN)

运动和能量②

YUNDONG HE NENGLIANG 2

出版发行　浙江教育出版社（杭州市天目山路40号　电话：0571-85170300-80928）
原 著 名　SCIENCE A CLOSER LOOK
　　　　　MOTION AND ENERGY
本册翻译　张　俊　邓小耶　廖曼江
图片来源　海洛创意
责任编辑　杨　艳
封面设计　韩　波
责任校对　余晓克
责任印务　沈久凌

图文制作　杭州兴邦电子印务有限公司
印　　刷　杭州富春印务有限公司
开　　本　787mm×960mm　1/16
印　　张　7.25
字　　数　167 000
版　　次　2019年11月第1版
印　　次　2021年4月第3次印刷
标准书号　ISBN 978-7-5536-9619-5
定　　价　27.00元

如发现印、装质量问题，影响阅读，请与本社市场营销部联系调换。
联系电话：0571-88909719

本书封底贴有McGraw－Hill Education公司防伪标签，无标签者不得销售。